LOS BEATLES

MICK MANNING • BRITA GRANSTRÖM

Ediciones Ekaré

TWIST AND SHOUT
Menéate y grita

1940

En Liverpool, una populosa ciudad de una Inglaterra devastada por la guerra, un bebé patalea y grita en su cuna mientras suenan las sirenas de alarma. El bebé se llama John Winston Lennon, y un día sus bailes, su voz y sus gritos sacudirán el mundo entero; pero todavía no. Al terminar la guerra, en 1945, John está viviendo con sus tíos, Mimi y George. Acaba de comenzar a ir a la escuela y ya tiene su propia pandilla. Un día, cuando Mimi va a recogerlo, ve a unos niños que se pelean… ¡Y descubre horrorizada que uno de ellos es John! «La verdad es que yo era igual que Guillermo Brown», dirá John Lennon años después.

John tiene solamente cuatro años cuando su madre, Julia, y su padre, Fred, se separan. Mimi, la hermana de Julia, que ama a John desde que nació, al ver que Julia comienza una nueva vida con una nueva pareja, se ofrece para cuidar de él. Este acuerdo se transforma en permanente y John se muda a casa de Mimi y su marido George en un suburbio de Liverpool.

A John le encanta leer: desde las aventuras de Guillermo Brown hasta *El viento en los sauces*, pasando por el mundo fantástico de *Alicia en el país de las maravillas* y los poemas disparatados de Edward Lear.

¡Este chico tiene talento!

1948-52

Julia, la mamá de John, vive con su nueva pareja, pero visita a John con frecuencia.

LA ARMÓNICA

¿Qué es ese chirrido que se oye? ¡Es John! Va en autobús camino de Escocia para pasar las vacaciones con su primo Stanley. Va tocando una vieja armónica y aunque no lo hace mal, después de un montón de kilómetros soplando ese instrumento, los demás pasajeros ya no aguantan más. Pero al conductor le gusta como toca. Le gusta tanto que le promete que le regalará una armónica mucho mejor en cuanto lleguen a Edimburgo.

Aprovéchala, muchacho.

¡Gracias, señor!

El conductor mantiene su promesa y al día siguiente le regala una armónica cromática profesional que había encontrado abandonada en otro autobús y que nadie había reclamado. Muchos años después, la armónica de John dará su inconfundible sonido a *Love Me Do*, el primer *single* de los Beatles.

Hasta la década de 1950, los adolescentes se habían vestido siempre como sus padres. No existía ropa especial para la gente joven. Pero el ritmo del *rock and roll* lo cambia todo. Sus fans comienzan a ser conocidos como «rockeros» y «Teddy Boys».

Los cantantes norteamericanos de *rock and roll* como Elvis Presley y Little Richard triunfan por todo el mundo. Mientras tanto, la estrella escocesa Lonnie Donegan acaba de desatar la locura con el *skiffle*, un estilo de música de banjo que también utiliza instrumentos caseros como la tabla de lavar y todo tipo de ollas.

EL LICEO DE QUARRY BANK

John se aburre soberanamente en la escuela. Piensa que sus profesores del liceo de Quarry Bank no le apoyan nada en sus intereses artísticos, así que se pasa las clases tonteando. Se peina al estilo de su héroe rebelde Elvis y ha convertido uno de sus libros de ejercicios en un cómic que titula *El aullido diario*. Sus compañeros se mueren de la risa, pero en el boletín de notas su profesor escribe:

«Claramente encaminado al fracaso… No tiene futuro… En clase no hace más que el payaso y hace perder tiempo a sus compañeros».

Está muy bien tocar la guitarra, John, pero ¡nunca te ganarás la vida con eso!

A los 16 años, y con la ayuda de su madre, John se compra por correo una guitarra acústica de las baratas, llamada Gallotone Champion. Julia le enseña algunos acordes con estilo de banjo y muy pronto monta su propia banda de *skiffle*. La llama The Quarrymen y la considera una especie de nueva pandilla.

1954-56

PAUL MCCARTNEY

Este chico se llama Paul y nació en 1942. Su madre, Mary, trabaja de comadrona y su padre, Jim, es vendedor. Antes de la guerra Jim había tenido su propia banda de jazz y, de vez en cuando, todavía toca alguna melodía al piano. Además, ha arreglado unos auriculares para que Paul pueda escuchar la radio en la cama. Paul suele oír programas de música rock, magazines y documentales. Tiene buena memoria y se acuerda perfectamente tanto de las canciones como de las noticias y usa esta información en las tareas del colegio. Saca buenas notas y consigue entrar en la mejor escuela secundaria del barrio: el Instituto Liverpool.

¡Me encanta el Goon Show!

¿Uh?

¡Ahora!

A los 14 años Paul canjea una trompeta que su padre le había regalado por una guitarra modelo Zenith 17. Pero ¡al principio no la puede tocar! La rasguea y la aporrea pero no le sale melodía alguna. Paul no lo puede entender... ¿Qué hace mal? De golpe se da cuenta: ¡tiene que tocarla al revés, con la zurda! Ahora sí puede comenzar a practicar.

Como va al colegio considerado como para «chicos finos», algunos muchachos del barrio se ríen de él y lo llaman «aplicadito». Pero en el autobús se hace amigo de otro estudiante del Instituto Liverpool, un chico más joven llamado George Harrison. Los dos comparten la misma pasión por la música rock.

En 1956, a los catorce años, Paul queda desconsolado debido a la repentina muerte de su madre por un cáncer de mama. Él y su hermano Michael quedan al cuidado de su padre.

Paul y John se caen muy bien, y en pocas semanas Paul se une a la banda de John.

LOS QUARRYMEN

Los Quarrymen, la banda del liceo de John Lennon, tocan donde sea. Cantan los éxitos de estrellas del rock como Lonnie Donegan y Elvis Presley, se presentan donde los dejan y ya tienen fama de ser los Teddy Boys del vecindario. Pero hoy, que tocan en la fiesta del barrio, va a suceder algo especial, algo que un día cambiará el mundo: Paul y John se conocerán. Ivan Vaughan, un amigo común, los va a presentar. Paul queda impresionado con la pinta de tipo duro que tiene John y, más tarde, cuando le oye cantar, John alucina con Paul.

Un día, mientras ensayan, Paul canta unas canciones que había escrito él mismo. John se queda pasmado. No se le había ocurrido componer sus propios temas... ¡Es incluso más divertido que escribir El aullido diario! Desde ese día comienzan a escribir juntos y a cada canción le añaden la coletilla: «Una canción de Lennon y McCartney».

GEORGE HARRISON

¿Quién se acuerda de George Harrison, el amigo que había hecho Paul en el autobús? Pues resulta que George se está convirtiendo en un guitarrista de primera y un día Paul le lleva a conocer a John para hacer una prueba con la banda. De entrada, John piensa que George es demasiado joven porque solo tiene 15 años. Pero, unos días más tarde, Paul insiste en que George toque la guitarra para John, esta vez en el segundo piso de un autobús de Liverpool. Lo hace tan bien que John cambia de opinión. Los Quarrymen parecen cada vez menos una banda de *skiffle*. Ahora, con tres guitarras, son prácticamente un conjunto de rock.

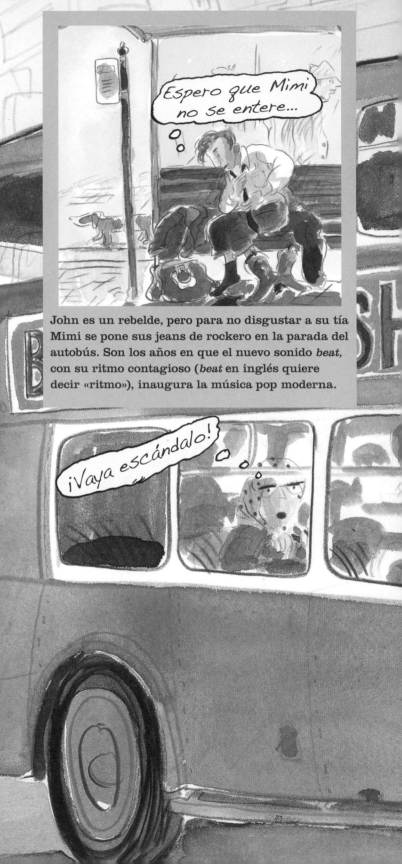

John es un rebelde, pero para no disgustar a su tía Mimi se pone sus jeans de rockero en la parada del autobús. Son los años en que el nuevo sonido *beat*, con su ritmo contagioso (*beat* en inglés quiere decir «ritmo»), inaugura la música pop moderna.

George nace en 1943. Va a la misma escuela primaria que John, pero a la clase de los más jóvenes. Le gusta sentarse al final del aula y dibujar guitarras. De niño, su mamá solía escuchar música india en la radio. Esta música influiría a George por el resto de su vida.

En 1958, Julia, la madre de John, muere atropellada al cruzar la calle cuando vuelve de visitar a Mimi. John queda desolado.

Los jóvenes británicos suelen acudir a escuchar música en vivo a los cafés-bar. Son los locales ideales para que los nuevos conjuntos como los Beatles puedan tocar delante del público.

JOHNNY Y LOS MOONDOGS

John va ahora a la Escuela de Arte de Liverpool y sus antiguos amigos del liceo han dejado la banda de los Quarrymen. Un día su compañero de apartamento, Stuart Stutcliffe, se une al grupo, y pasan a llamarse Johnny y los Moondogs. Pero Stu quiere volver a cambiar el nombre del grupo. Prueban diversas alternativas: Los Silver Beats, Los Silver Beetles, Los Beetles... hasta que, finalmente, una noche en casa de John un amigo poeta sugiere que escriban su nombre con una *a*... para mostrar que se trata de un grupo de *beat*, es decir, de rock. Los Beatles se emocionan tanto que se olvidan del pollo que habían metido en el horno y ¡acaba carbonizado!

¡El pollo está ardiendo!

¡Somos los Beatles!

El Casbah es un pequeño club ubicado en el sótano de la casa de Mona Best, una fan del rock. Ella había dejado tocar a los Quarrymen en la noche de la inauguración del club, e incluso ayudar en la decoración del local. Rápidamente congeniaron con el hijo de Mona, Pete. Cuando, en 1960, el propietario de otro club ofrece a la nueva banda de John trabajo remunerado en Alemania tocando en locales nocturnos, no se pueden creer la suerte que acaban de tener. Pero necesitan un baterista. Entonces recuerdan que Pete toca la batería...

HAMBURGO

Cuando llegan a Alemania, los Beatles descubren que los locales de Hamburgo no se parecen en nada a los cafés-bar de Liverpool. Están abiertos todo el día y llenos de marineros y rockeros más interesados en montar peleas que en escuchar música. Así que, para que les presten atención, los Beatles se visten de cuero y se ponen a hacer cosas raras como chillar directamente a los micrófonos, contar chistes y pegar pisotones. Los brutos del público se olvidan de sus peleas y comienzan a prestar atención a los «locos ingleses». ¡Los Beatles están aprendiendo el arte de actuar en un escenario! Más adelante, John dirá: «Puede que yo naciera en Liverpool, pero crecí en Hamburgo».

En uno de los clubs, los Beatles alternan con otra banda de Liverpool, Rory Storm and the Hurricanes. El baterista suele quedarse después de su actuación para ver a los Beatles. Se hacen amigos. Comparten el mismo humor sarcástico y les encanta su nombre: Ringo Starr...

¡Mira cómo disfrutan esos!

Paul invita a Pete Best a unirse al grupo como baterista. Aunque Pete es tímido, es un buen percusionista y es quien sube con el grupo al ferry hacia Hamburgo. Al llegar se enteran de que los clubs musicales quedan en la parte más peligrosa de la ciudad. Tienen que tocar hasta doce horas seguidas con pocas pausas para descansar... ¡pero están encantados!

LITERAS

En Hamburgo, los Beatles se quedan de piedra cuando descubren que el lugar donde los albergan es un pequeño almacén de una tienda. Al abrir la puerta no ven ningún mueble, solo literas. Queda al lado del lavabo de señoras. ¡Qué asco! Como no hay ni ducha ni bañera, se tienen que asear en el lavamanos. Pero John tiene madera de líder y cada vez que los muchachos comienzan a deprimirse él les levanta el ánimo con esta frase: «¿Hasta dónde vamos a llegar, chicos?». Y los demás responden al unísono: «¡Hasta la cima del pop, Johnny!».

Una noche conocen a dos estudiantes de arte, Astrid Kirchherr y Klaus Voormann. Astrid se convertirá en la novia de Stu y tomará las primeras fotos oficiales de la banda.

¿Qué pensarán los demás, Astrid?

¡Les encantará, Stu!

Un día, Astrid le corta el pelo a Stu al estilo de moda entre los estudiantes alemanes. También le hace una chaqueta moderna sin solapas.

¡Ja! ¡Ja!

¡Con ese corte de pelo pareces un hongo!

John y Paul se burlan de Stu por su peinado y por no llevar la típica chaqueta rockera de cuero. Pero un día, de viaje en París, deciden también cambiar su corte de pelo. Este peinado se hará famoso y luego se conocerá como «corte Beatles». Después de una discusión con el propietario del club alemán, vuelven a Liverpool. Stu, sin embargo, decide quedarse en Alemania con Astrid y deja la banda para estudiar Bellas Artes.

THE CAVERN Y BRIAN EPSTEIN

De regreso en Liverpool, los Beatles comienzan a tocar en un local de moda llamado The Cavern (La caverna). Mientras tanto, en una tienda de discos de la ciudad, los clientes han estado preguntando al dueño, Brian Epstein, acerca de los Beatles. Cuando Brian les pregunta a sus empleados, estos le cuentan que los Beatles no solamente suelen venir a su tienda sino que, incluso, en una ocasión, ¡él mismo los había echado por no comprar nada! A Brian le pica la curiosidad, y cuando va a The Cavern se da cuenta de que les sobra «talento en bruto». Rápidamente les propone ser su mánager y los Beatles aceptan al instante.

No existen los CD ni la música digital: solamente discos fabricados de un tipo de plástico especial. La música sale de un surco en la superficie del disco transmitida electrónicamente por una aguja llamada *stylus*. Gracias a que los tocadiscos y radios producidos en masa son baratos, los jóvenes comienzan a escuchar y coleccionar *singles*. Los Beatles resultan muy atractivos para este nuevo mercado que crece rápidamente.

¡Estos se pueden convertir en estrellas!

Las tiendas de discos como la de Brian venden *singles*, discos con una sola canción en la cara A y otra en la cara B que suelen durar unos tres minutos. También venden EP (*extended plays*, discos con dos canciones por cara) y LP (*long plays* o «álbumes») que son más grandes y tienen cinco o seis canciones por cada lado. Suelen venir en bonitas carátulas de cartón con fotos del grupo en cuestión.

Adiós, Pete; hola, Ringo

Un día, Brian conoce a un productor de discos llamado George Martin, quien ofrece una prueba de audición a los Beatles. A George le caen bien estos chicos un poco insolentes y le gusta lo que oye. ¡Por fin los Beatles consiguen un contrato! Mientras tanto, los Beatles han decidido hacerle caso a Brian y han cambiado su imagen. Ahora visten con traje… ¡y con sus peinados pelo-champiñón! Pero las cosas no van bien para Pete Best. El viejo amigo Ringo lo sustituye en la batería. El primer *single* de los Beatles, *Love Me Do*, se dispara en las listas de éxitos. Y cuando acababan de grabar su siguiente *single*, *Please, Please Me*, Martin les dice: «Chicos, ¡esta grabación será el primer número uno de los Beatles!». Su predicción se hace realidad.

Chicos, si hay algo que al grupo no le guste… basta decírmelo.

Estos muchachos son un poco insolentes, pero ¡me caen bien!

Lo siento, Pete, pero quedas despedido.

Los Beatles habían comenzado a sentir que no tenían demasiado en común con Pete. Su personalidad era diferente de la de ellos. Era más tranquilo y no siempre compartía sus bromas. A pesar de su gran éxito con las fans, cuando George Martin les dice que no está contento con el resultado de la batería en las primeras grabaciones, deciden despedirlo. Cuando Brian Epstein le da la noticia, Pete se lleva una terrible decepción.

Butlins

¡Te queremos en la banda, Ringo!

¡Genial!

Ringo Starr está trabajando en un campamento de verano cuando recibe la llamada. No tiene ningún inconveniente en cambiar su peinado de Teddy Boy por un pelo-hongo de Beatle. Al principio, las fans de Pete Best gritan «¡Pete se queda, Ringo fuera!» pero pronto aceptan a Ringo como Beatle.

En 1963, invitan a los Beatles a tocar en un concierto de gala delante de la reina. Logran ganarse el corazón de quince millones de telespectadores cuando John hace una broma bastante atrevida: «La gente sentada en las butacas baratas, por favor, puede aplaudir... Y los demás basta con que hagan tintinear sus joyas».

Las fans obsesionadas llegan incluso a pedir *souvenirs* a las familias; Mimi regala viejos botones de alguna camisa de John y la madre de Ringo, Elsie, acaba regalando algunos calcetines.

LA BEATLEMANÍA

Brian comienza a transformar a los Beatles en algo único. Lo que canten, lo que digan, encanta a millones de fieles fans. La prensa bautiza el fenómeno como «beatlemanía», pero es algo ganado con esfuerzo. En 1963, por ejemplo, los Beatles hacen más de 230 conciertos entre el Reino Unido y Suecia. Donde tocan, viene el caos: las fans chillan tan fuerte que no se puede escuchar la música y, como una vez George había reconocido que le gustaban las golosinas, las fans ¡bombardean el escenario con caramelos! Cuando publican su siguiente disco, *With The Beatles*, comienzan a apodarlos The Fab Four (El cuarteto fabuloso). Sin embargo, sus éxitos en Gran Bretaña no funcionan en Estados Unidos. De hecho, hasta ese momento ninguna estrella pop británica había triunfado en América. Brian comienza a soñar. Si John y Paul pudiesen componer la canción perfecta…

John y Paul se pasan el tiempo componiendo «mano a mano», como le gusta decir a John. Cuando Paul por fin acierta con el acorde musical que buscaban, a John se le ilumina la mirada. El resultado es la canción «I Want to Hold Your Hand».

I Want To Hold Your Hand

A los norteamericanos no solo les gusta «I Want to Hold Your Hand» (Quiero llevarte de la mano), ¡enloquecen! Se venden cinco millones de copias solamente en Estados Unidos y se mantiene en lo más alto de las listas durante siete semanas. El 9 de febrero de 1964, cuando los Beatles son invitados al *Show de Ed Sullivan*, un programa de televisión muy popular, consiguen 73 millones de telespectadores, la máxima audiencia jamás registrada. Esa noche, los índices de criminalidad bajan a un mínimo histórico ¡porque incluso los delincuentes se quedan en casa a mirar el show! La beatlemanía se apodera de Estados Unidos… y, finalmente, su álbum anterior, *The Beatles*, también se vende como pan caliente. El último británico en provocar una pasión semejante había sido Charles Dickens ¡120 años antes!

Las actuaciones en televisión eran la manera ideal para promocionarse que tenían los conjuntos pop. Brian Epstein había comprendido el potencial de la televisión y pronto se da cuenta de que los cuatro simpáticos caraduras, los Fab Four, conquistan a todo el mundo cuando aparecen frente a las cámaras.

Su primer viaje a Estados Unidos tiene lugar solo once semanas después del asesinato del presidente John F. Kennedy. El país está todavía en shock. Vuelven en agosto del mismo año y se encuentran con algunos de sus héroes musicales, entre ellos, Bob Dylan. Despúes, en 1965, visitan a Elvis Presley.

Gracias al éxito de los Beatles en la TV, otras bandas británicas comienzan a gustar a los jóvenes estadounidenses. Se inicia una «invasión» rockera de nuevos y vibrantes grupos: los Rolling Stones, los Kinks, los Moody Blues, los Animals…

En 1965, los Beatles se niegan a tocar en un show en Florida a menos que les aseguren que el público no será segregado por motivos raciales. Apoyaban así a los movimientos contra la discriminación racial liderados, entre otros, por Martin Luther King.

Este año, tropas de EE. UU. entran en combate en Vietnam y 58.000 jóvenes norteamericamos morirían allí en los diez años siguientes, más personas que las que habían llenado el Shea Stadium

DE GIRA POR ESTADOS UNIDOS

En 1963, Brian había firmado un contrato cinematográfico para que los Beatles protagonizaran varias comedias musicales. Después del estreno de su primera película, *A Hard Day's Night*, en 1964, inician su primera gira por Estados Unidos. La expectativa era enorme: se agotan las entradas de los treinta conciertos programados. Y aquí, un año más tarde en el Shea Stadium de Nueva York, tocan delante de casi 56.000 personas, la mayor audiencia nunca vista en un concierto de rock. Los *souvenirs* y objetos de todo tipo en torno a la banda se venden en todo el mundo: desde vestidos y muñecos de los Beatles a cromos de chicle, e incluso mechones auténticos de sus cabellos.

En 1966, entrevistado durante la gira de ese año, John suelta que los Beatles son «más famosos que Jesucristo». ¡Gran escándalo! Varios conciertos se suspenden. La ira, con amenazas de muerte incluidas, no acaba hasta que John pide perdón por televisión.

A HARD DAY'S NIGHT

Comedia filmada en 1964 que los muestra como si estuviesen atrapados en una rueda de hámster sin poder parar de viajar y tocar.

Las letras hablan de alguien que se siente exhausto al final de un duro día de trabajo, pero en las noches, en casa, le espera la persona amada, cuyo cariño lo arregla todo.

Es una canción con la que muchas personas pueden sentirse identificadas, especialmente aquellas que trabajan sin descanso ya sea en horario de día o en el turno de noche.

HELP!

Realizada en 1965, es una parodia de James Bond. Una sacerdotisa de una secta misteriosa quiere un anillo que está atascado en el dedo de Ringo... ¡quienquiera que lleve ese anillo deberá ser sacrificado!

Escenas divertidas y alocadas se suceden mientras huyen de sicarios y de un científico chiflado.

Filmada en escenarios espectaculares por todo el mundo, la película fue un gran éxito.

¡Los cines se llenaban hasta rebosar de jóvenes fans!

ESTRELLAS DE CINE

Los personajes simpáticos y un poco insolentes que suelen representar los Beatles en el escenario resultan perfectos para el cine. Su primera película, *A Hard Day's Night*, tiene un éxito enorme y es nominada para dos premios Oscar. Su segundo film, *Help!*, una parodia del cine de aventuras rodada en exóticos lugares alrededor del mundo, resulta también un gran éxito. Un día, durante un descanso en el rodaje, George intenta tocar un instrumento de cuerda indio utilizado en la película. Siempre le ha gustado la música india, desde los tiempos en que su madre solía escucharla en la radio. El sitar produce un sonido tan bonito que se enamora del instrumento... tanto que decide tomar clases.

¡Muy bien, George! ¡Lo haces muy bien!

George toma clases con un experto, el músico indio Ravi Shankar. Se puede oír a George tocando el sitar en canciones como «Norwegian Wood» y «Love You To». Otros grupos de rock también incorporan este instrumento en sus canciones, como los Rolling Stones en «Paint It Black» y Traffic en «Hole in My Shoe».

EL SUEÑO DE PAUL

Una mañana, Paul se despierta con una hermosa melodía en la cabeza. Durante varios días piensa que se trata de una pieza de música clásica que quizá haya oído en alguna parte... Pero poco a poco se va dando cuenta de lo que ha ocurrido: ¡la compuso mientras dormía! Comienza a buscar palabras que encajen con la melodía. Incluso se le ocurren algunos versos que riman con «huevos revueltos» y «me encanta tu cabello suelto»… Pero pasan meses hasta que consigue dar con las palabras adecuadas.

Finalmente, durante unas cortas vacaciones con unos amigos en Portugal, Paul por fin consigue escribir lo que se acabará convirtiendo en una de las canciones más famosas que se hayan escrito nunca: «Yesterday».

A mediados de la década de los sesenta, el Reino Unido se había convertido en el líder mundial de la revolución social que se iba a conocer como los *Swinging Sixties* («los vibrantes años sesenta»). Esto sucedió gracias a la explosión pop liderada por los Beatles, sin olvidar a toda una serie de directores de cine, fotógrafos, escritores y artistas británicos, a los diseños ópticos del «Op Art» y a los diseñadores de moda como Mary Quant.

En octubre de 1965, John, Paul, George y Ringo son nombrados caballeros del Imperio Británico en el Palacio de Buckingham. Cuando la reina les pregunta cuánto tiempo llevan juntos, Paul y Ringo le cantan en broma la famosa melodía victoriana «My Old Dutch» (Mi vieja) para regocijo de la soberana.

El grupo iba a alojarse de incógnito en el pueblo de Berwick upon Tweed antes de su última gira británica en Glasgow. Por el camino, un camionero les había hecho señas en la carretera para que pararan. Algo se les había caído. ¡Era la guitarra favorita de George! Cuando la encuentran en la oscuridad, está hecha añicos. El tráfico le había pasado por encima.

YESTERDAY

La letra de esta canción es la historia de un romance desgraciado que finalmente logra escribir Paul en el asiento de atrás del auto en el que viaja a la villa de un amigo en Portugal en mayo de 1965.

No puede aguantar los deseos de cantar la canción. Cuando llega a casa de sus amigos, entra corriendo a buscar una guitarra.

Yesterday sería grabada por más de 1.600 artistas y sería elegida la mejor canción del siglo XX en una encuesta de la BBC en 1999.

REVOLVER

Agotados tras años y años casi ininterrumpidos de giras, grabaciones y películas, los Beatles se toman un descanso de tres meses para componer los temas de su siguiente álbum, *Revolver*. Paul escribe una canción divertida y pegadiza que titula «Yellow Submarine» (El submarino amarillo). A los demás les encanta y la eligen para su siguiente *single* junto a una canción seria pero muy bonita llamada «Eleanor Rigby», que habla de la soledad. Ambas canciones se harán muy famosas, pero «Yellow Submarine», con la voz socarrona de Ringo, se convierte en el exitazo de 1966. Se oye en todas las emisoras de radio, la tararean en el autobús y la cantan en los patios de los colegios.

¡Parece una canción infantil!

¿Cómo te llamas, nena?

Aquí no se puede estacionar, señor.

Paul estaciona en zona prohibida delante de los estudios de Abbey Road. Una mujer policía le pone una multa. Apenas comenzaban a trabajar mujeres en la policía del Reino Unido. A Paul le parece una situación divertida y compone una simpática y pegadiza canción sobre un chico que se enamora de una mujer policía. «Lovely Rita» aparece en el siguiente *LP* de los Beatles.

ELEANOR RIGBY

Paul tiene un don especial para contar historias sobre gente corriente. Ahora se imagina a dos personas solitarias: una mujer llamada Eleanor Rigby y un cura llamado el padre Mackenzie. La bonita letra de la canción nos recuerda el drama de la soledad.

Entre las imágenes de soledad destacan la de Eleanor limpiando el confeti de bodas de otra gente, el sacerdote zurciendo sus calcetines, y, al final, oficiando el funeral de Eleanor. En lugar de guitarras y percusión, un cuarteto de cuerdas logra una melodía inolvidable.

Paul creía haber inventado a Eleanor Rigby pero, años después, alguien descubre una tumba con ese nombre en el cementerio del barrio en el que John y Paul se conocieron en 1957.

¡Pues mejor todavía!

YELLOW SUBMARINE

Inspirada en la infancia de Paul, cuando solía pasear por el puerto de Liverpool, describe un encuentro con un marinero que ha navegado los siete mares en submarino.

En una época de protestas contra la guerra, el irresistible estribillo parece reírse del poder de los militares.

Llega al número uno de las listas británicas en 1966. Inspira, dos años después, la película animada del mismo título. Se producen también juguetes y afiches.

Sgt Pepper

Su siguiente álbum, *Sgt Pepper's Lonely Hearts Club Band* (La banda del Club de corazones solitarios del sargento Pimienta), deja a todo el mundo maravillado con sus bonitas canciones, su música experimental, los uniformes y la inolvidable portada diseñada por el artista pop Peter Blake. La influencia del disco en todo el mundo cambiará la música pop para siempre, y pronto será elegido como el mejor álbum de la historia. Ese mismo año, John contrata a unos artistas *hippies* para que decoren su Rolls-Royce con flores y diseños psicodélicos.

En un viejo cartel de circo de la época victoriana John encuentra la inspiración para el tema «Being for the Benefit of Mr. Kite!». Así como en otras canciones de *Sgt Pepper*, usa técnicas experimentales: sonidos de feria mezclados con cintas de grabación cortadas y reenganchadas. Resulta uno de los temas más complicados de grabar del disco.

Un día, Julian, el hijo de John, llega del colegio con un dibujo de su amiga Lucy retratada en un cielo de diamantes. ¡John queda alucinado! En su cabeza comienza a perfilarse una canción...

LUCY IN THE SKY WITH DIAMONDS

Inspirado en su pasión por la poesía de Edward Lear y los libros de Lewis Carroll, John compone una canción fascinante que es una celebración del espíritu de los años 60.

… de un mundo de sueños. Al final se imagina una chica con ojos de caleidoscopio. La letra, la melodía y la voz de John la convierten en una de las canciones más influyentes jamás escritas.

Alicia navega en barca por un paisaje psicodélico. Las letras de John sugieren imágenes fantásticas…

STRAWBERRY FIELDS FOREVER

Esta canción trata del poder de los recuerdos felices y los lugares queridos.

John recuerda con nostalgia el jardín de Strawberry Fields, un albergue de menores donde Mimi solía llevarlo a fiestas infantiles.

A veces John iba solo a jugar allí con sus amigos. En la canción dice: «cuando la vida se complica, me gusta pensar en Strawberry Fields».

Algunas terapias sugieren imaginarnos en lugares acogedores cuando estemos en situaciones incómodas, como, por ejemplo, en la consulta del dentista.

ALL YOU NEED IS LOVE

Después del éxito de *Sgt Pepper*, los Beatles son invitados a participar en la primera emisión de televisión en directo para todo el planeta. Graban *All You Need is Love* (Todo lo que necesitas es amor), un mensaje de paz y buena voluntad para el mundo. Fascinado por el poder de los anuncios de televisión y la publicidad, John crea un estribillo hipnótico con la palabra *Love*, al tiempo que le canta a cuatrocientos millones de telespectadores de todo el planeta que lo único que importa es el amor. El impacto sobre un mundo marcado por la guerra que se sigue librando en Vietnam es enorme, y la canción llega al número uno en muchos países, desplazando a su doble *single* anterior: *Strawberry Fields Forever / Penny Lane*.

PENNY LANE

Años atrás, un día que esperaba a John en la estación de autobuses de Liverpool, Paul había estado anotando algunas ideas. Ahora las convierte en una nostálgica canción llena de personajes corrientes:

El barbero y su escaparate con fotos con diversos cortes de pelo...

El banquero sin gabardina bajo la tromba de lluvia...

La bonita enfermera que vende amapolas en la calle para la beneficencia...

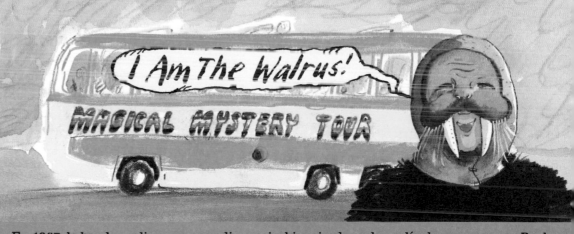

En 1967, la banda realiza una comedia musical inspirada en las películas caseras que Paul hacía con su cámara. La llaman *Magical Mystery Tour* y está filmada en colores brillantes. La trama se improvisa a partir del viaje de un mago en su bus multicolor. Sin embargo, la tecnología de la televisión en color en el Reino Unido era todavía tan reciente que se emite en blanco y negro, lo que le resta atractivo. Es su primer fracaso. Pero de allí salen varias nuevas y buenas canciones. En «I Am The Walrus» (Soy la morsa), John entreteje, de manera traviesa, la vieja rima infantil acerca de las natillas y los ojos de perro muerto, además de un fragmento de una versión radiofónica de *El rey Lear* de Shakespeare.

APPLE RECORDS

En el verano de 1967 muere repentinamente
Brian Epstein, el amigo y mánager de los Beatles.
Los chicos se quedan aturdidos y desconsolados.
Pero la vida sigue…
En diciembre abren una tienda en Londres y su
propio sello discográfico, Apple Records. En febrero
de 1968 visitan a un místico gurú indio, el Maharishi
Mahesh Yogi, en su lugar de retiro en el Himalaya. Allí
escriben numerosas canciones nuevas, muchas de las
cuales aparecerán en su siguiente *LP,* oficialmente titulado
The Beatles, pero más conocido como *The White Album*
(El álbum blanco). Pero las cosas no seguirán tranquilas
por mucho tiempo…

LADY MADONNA

Acorde con la lucha de la época por la igualdad para las mujeres conocida como «Liberación femenina», y quizá pensando en sus madres, John y Paul hacen un homenaje a la maternidad. Se preguntan cómo las madres del mundo se las ingenian para llegar a fin de mes, cuidar de la familia y pagar el alquiler.

Con una letra ingeniosa y un piano a ritmo de *boogie-woogie,* la canción retrata la semana: el lunes, el niño aprende a atarse los cordones; martes, la faena parece interminable; jueves en la noche, remendando medias… Paul y John envían, con humor, un mensaje político: todas las madres deberían ser consideradas unas santas.

¡PAZ Y AMOR!

En India, apartados de la vista del público y lejos de las admiradoras fanáticas
y de los periodistas intrusos, los Beatles estudian técnicas de meditación y la
filosofía de paz y amor del gurú. De alguna manera tenían que seguir adelante
sin la ayuda de su mánager Brian Epstein.

OB-LA-DI OB-LA-DA

Con aires de *reggae* y su estribillo para cantar a coro, fue escrita cuando este ritmo jamaiquino comenzaba a oírse en el Reino Unido y en Europa.

Canción de amor ligera, pegadiza y un brindis a la vida. El refrán «Ob-la-di ob-la-da, la vida sigue» era el favorito de Jimmy Scott, un amigo nigeriano de Paul.

Desmond tiene un puesto en el mercado.

Molly es la cantante de una banda.

En 1969, George, peleado, abandona el grupo, pero pronto consiguen convencerlo para que regrese. Su tema «Here Comes the Sun» (Aquí llega el sol), con una bonita melodía y una letra llena de esperanza, se convierte en uno de los mayores hits de la banda. Pero George no había sido el único en irse. Meses antes, Ringo también había dejado el grupo, aunque vuelve poco después…

OCTOPUS'S GARDEN

Cansado de las disputas que habían surgido cuando estaban grabando *The White Album*, Ringo abandona la banda y se va de vacaciones.

¡Yo me largo!

¡Tenemos pulpo para comer!

Durante la comida, el capitán del yate le explica cómo los pulpos coleccionan conchas y hacen «jardines» debajo del mar.

Inspirado por esa historia, Ringo escribe una canción alegre y fresca.

¡Bienvenido a casa, Ringo!

Cuando vuelve con el grupo, se encuentra con el estudio lleno de flores que John, Paul y George habían comprado para celebrar su regreso.

DISTANCIÁNDOSE

John, Paul, George y Ringo comienzan a alejarse, cada uno siguiendo su propio camino. De hecho, cada vez pasan menos tiempo juntos como grupo y más con sus mujeres y sus familias. Para intentar volver a sus raíces, filman un concierto en vivo en la azotea del edificio de su compañía discográfica. Graban varias canciones fantásticas, pero como no se ponen de acuerdo en cómo debería sonar el disco, el proyecto queda parado. Al final, este material pasará a formar parte del álbum y de la película *Let It Be*.

Esta foto será una portada fantástica para el disco.

Mientras el proyecto *Let It Be* sigue paralizado, la banda graba *Abbey Road*, que acabaría siendo su último álbum. La portada trae la icónica imagen de los Beatles cruzando el paso de cebra. El disco está lleno de excelentes canciones, pero se nota que, aunque son originales y excitantes, se trata claramente de composiciones independientes creadas separadamente por cuatro músicos y no por un grupo.

COMENZAR DE NUEVO

En 1970, los Beatles finalmente se separan. Cada uno quiere seguir su propio camino. Fueron la banda sonora de los años sesenta y cambiaron la música para siempre, influenciando al mundo entero con sus mensajes de armonía humana y paz. Todavía hoy en día, muchos músicos siguen interpretando canciones de los Beatles, desde conjuntos juveniles hasta rockeros punk y cantantes de rap. Se podría decir que todo comenzó con aquellos jovencitos simpáticos y deslenguados de Liverpool.

PAUL

Paul y su mujer, Linda, crean un grupo llamado Wings. Entre sus éxitos está la canción de la banda sonora de la película de James Bond *Live and Let Die* (*Vive y deja morir*) y el superventas «Mull of Kintyre», con su particular sonido de gaitas escocesas. En 1996, con la ayuda de Mark Featherstone-Witty, Paul transforma la vieja escuela donde él y George habían estudiado, en el Instituto de Artes Escénicas de Liverpool, considerada en la actualidad como una de las escuelas de arte más prestigiosas del Reino Unido. Paul es nombrado caballero del Imperio Británico por la reina en 1997, y su casa natal es un museo gestionado por el National Trust.

JOHN

John Lennon y su segunda mujer, Yoko Ono, crean The Plastic Ono Band y colaboran con un grupo de músicos entre los que se contaban, en ocasiones, George y Ringo. John y Yoko tienen grandes éxitos que expresan un mensaje de paz y amor: «Imagine», «Power to the People», «Happy Xmas (War is Over)» y, por supuesto, «Give Peace a Chance» (Demos una oportunidad a la paz), un llamamiento a la paz mundial ¡con la fuerza de un cántico de estadio de fútbol! John Lennon muere de manera trágica asesinado por un loco desquiciado en Nueva York en 1980. La casa natal de Lennon también es hoy en día un museo gestionado por el National Trust, la organización benéfica dedicada a la protección del patrimonio nacional en el Reino Unido.

RINGO

Ringo Starr trabaja como actor en varias películas y también toca la batería en algunos de los proyectos en solitario de John, Paul y George. Por su parte, ellos le ayudan a componer varios de sus éxitos. En la década de 1980, Ringo crea The All Starr Band, un grupo que cuenta con la colaboración de reconocidos músicos. Su divertido acento de Liverpool se puede oír en el programa infantil de televisión *Thomas the Tank Engine*.

GEORGE

George Harrison es durante toda su vida un gran admirador de la cultura india y su espiritualidad, especialmente del hinduismo. Escribe muchas canciones de éxito, entre estas «My Sweet Lord». También es productor ejecutivo de la compañía Hand-Made Films, entre cuyas películas destacan *Monty Python's Life of Brian* (*La vida de Brian*) y *Withnail and I*. George muere en 2007 tras una dura lucha contra el cáncer.

Los años sesenta

La música de los Beatles se convirtió en la banda sonora de la extraordinaria década de los sesenta. Muchos de los cambios que ocurrieron entonces afectan todavía nuestras vidas. He aquí una pequeña lista…

John F. Kennedy es elegido presidente de Estados Unidos.

Yuri Gagarin es el primer hombre en viajar al espacio exterior. Es el inicio de la «carrera espacial» entre Estados Unidos y la Unión Soviética. El presidente Kennedy promete a los norteamericanos que conseguirán poner «un hombre en la Luna» antes del final de la década.

Telstar realiza la primera retransmisión transoceánica vía satélite.

Aparece el primer videojuego de la historia: *Spacewar.*

El presidente Kennedy es asesinado en noviembre en Dallas, Texas.

Aparecen las primeras cintas de vídeocassette para grabación doméstica.

Crecen las manifestaciones por los derechos civiles en EE. UU. lideradas por Martin Luther King.

Tropas estadouniden comienzan a combat la guerra de Vietnam

1960
1961
1962
1963
1964
1965

Los Beatles emprenden su primera gira en Hamburgo.

El cazatalentos Brian Epstein descubre a los Beatles.

Ringo Starr se une a la banda.

Comienza la beatlemanía.

Primer viaje de los Beatles a Estados Unidos y primeras actuaciones en la televisión norteamericana.

Los Beatles tocan en Shea Stadium de Nue York, el primer conci de rock de la historia celebrado en un esta deportivo.

La moda para la gente joven continúa desarrollándose como parte integral de una «cultura juvenil» que crece por todo el mundo.

Aparecen los primeros aparatos de televisión en color para uso doméstico en Europa.

Se realiza con éxito el primer trasplante de corazón.

Comienza un movimiento juvenil que promueve los valores de la paz y el amor. Sus miembros se visten con ropas multicolores y reciben el nombre de *hippies*. Muchos de ellos son fans de los Beatles.

Se extienden las manifestaciones contra la guerra de Vietnam y contra la amenaza de guerra nuclear entre Estados Unidos y la Unión Soviética.

Neil Armstrong y Buzz Aldrin llegan a la Luna a bordo del *Apollo 11* y son los primeros humanos en pisar su superficie.

Se crea Arpanet, el primer prototipo de lo que un día será Internet.

A pesar de las manifestaciones internacionales en favor de la paz, la guerra en Vietnam sigue. Continuará hasta 1975.

1966

1968

1967

1970

1969

Los Beatles se toman un descanso de tres meses para grabar *Revolver*.

Se publica *Sgt Pepper's Lonely Hearts Club Band*.

Los Beatles son protagonistas del primer concierto que se emite por TV al mismo tiempo en todo el mundo.

Los Beatles viajan a India a un curso de meditación.

Los Beatles graban sus últimos discos, *Let it Be* y *Abbey Road*.

John devuelve su título de Caballero al Palacio de Buckingham junto a una carta en contra de la guerra de Vietnam.

Los Beatles se separan y comienzan sus carreras en solitario.

Para nuestros amigos Robert White, abogado rockero, y su esposa Liza.

Los autores y editores desean expresar su agradecimiento a Colin Hall, historiador de los Beatles, por su inestimable contribución a este libro.

Muchas gracias a varios viejos fans de los Beatles: Sue, Steve y Jude. Gracias también a Linda Bankier, Sandra Dods y Maureen Holmes por la información sobre la visita de los Beatles a Berwick. Finalmente, gracias a la talentosa Fiona Woodcock. Ella sabe por qué.

Referencias bibliográficas y de inspiración

DAVIES, Hunter. *The Beatles*. Cassell Illustrated, 2002
The Beatles Anthology. Cassell & Co, 2000
SPITZ, Bob. *The Beatles*. Little Brown and Company, 2005
BEST, Pete. *The Best Years of The Beatles*. Headline, 1996
SOUNESS, Howard. *FAB*. Harper Collins, 2010
TURNER, Steve. *A Hard Day's Write*. Carlton Books, 1999
LENNON, Cynthia. *A Twist of Lennon*. Avon Books, 1980

Películas
A Hard Day's Night, 1964
Help!, 1965
Magical Mystery Tour, 1967
Yellow Submarine, 1968
Let it Be, 1970

Discos y canciones de los Beatles mencionadas en el texto
Love Me Do. Single, 1962
Please Please Me. Single y LP, 1963
Twist and Shout. EP (incluye «A Taste of Honey»), 1963
She Loves You. Single, 1963
With The Beatles. LP, 1963
I Want to Hold Your Hand. Single, 1963
A Hard Day's Night. Single y LP, 1964
Help! Single y LP, 1965
Yesterday. Del *LP Help!* Publicado en EE. UU. como *single,* 1965
Rubber Soul. LP, 1965
«Norwegian Wood». Del *LP Rubber Soul,* 1965
Revolver. LP, 1966
«Love You To». Del *LP Revolver,* 1966
Eleanor Rigby / Yellow Submarine. Single, 1966
Strawberry Fields Forever / Penny Lane. Single, 1967
Sgt Pepper's Lonely Hearts Club Band. LP, 1967
«Lucy in the Sky with Diamonds». Del *LP Sgt Pepper,* 1967
«Lovely Rita». Del *LP Sgt Pepper,* 1967
All You Need is Love. Single, 1967
Magical Mystery Tour. Doble EP, 1967
Lady Madonna. Single, 1968
The Beatles. LP (conocido como *The White Album*), 1968
«Ob-La-Di, Ob-La-Da». Del *LP, The White Album,* 1968
Abbey Road. LP, 1969
«Here Come The Sun». Del *LP, Abbey Road,* 1969
Octopus's Garden. Del *LP, Abbey Road,* 1969
Get Back / Don't Let Me Down. Single, 1969
Let it Be. LP, 1970

Glosario

Demo – grabación normalmente doméstica hecha para mostrar a una compañía discográfica el talento de una banda de música.

Derechos civiles – son aquellos derechos legales que protegen las libertades de los ciudadanos. La lucha por los derechos civiles en Estados Unidos durante las décadas de 1950 y 1960 reclamaba el fin de la segregación por motivos raciales.

Disco – objeto redondo de plástico con una melodía tallada en la superficie en forma de incisión en espiral para escuchar con un tocadiscos usando un *stylus* o aguja.

EP – single «*extended play*» con unas dos canciones por cara.

Guerra de Vietnam – fue una larga guerra entre el régimen comunista de Vietnam del Norte (apoyado por sus aliados comunistas) y Vietnam del Sur (apoyado por países anti-comunistas pero sobre todo por Estados Unidos). Las tropas estadunidenses participaron directamente en la guerra entre 1965 y 1973.

Gurú – una palabra usada frecuentemente en las religiones indias para designar a un maestro o guía espiritual.

Hippies – un movimiento juvenil contracultural y pacifista que comenzó en Estados Unidos a mediados de los años sesenta. Su oposición a la guerra de Vietnam fue una de sus principales causas.

LP – disco «*long play*» con unas cinco canciones por cara.

Martin Luther King, Jr. – luchador pacifista a favor de los derechos de la población negra en Estados Unidos. Fue asesinado en Memphis en 1968.

Música Beat – música pop de comienzos de los años sesenta, nacida en la región de Liverpool, Inglaterra.

Rock and Roll – estilo de música que comenzó en Estados Unidos en la década de los cincuenta con cantantes como Buddy Holly o Elvis Presley.

Single – disco con una única canción en cada cara

Skiffle – estilo de música que utiliza banjos, tablas de lavar e instrumentos improvisados.

Teddy Boys/Girls – movimiento juvenil que comenzó en la década del cincuenta.

Traducción: Pau Estrada
Corrección: Leticia Oyola Estrella

Primera edición, 2013

© 2013 Mick Manning y Brita Granström, texto e ilustraciones
© 2013 Ediciones Ekaré

Todos los derechos reservados

Av. Luis Roche, Edif. Banco del Libro, Altamira Sur. Caracas 1060, Venezuela
C/ Sant Agustí 6, bajos. 08012 Barcelona, España

www.ekare.com

Publicado por primera vez en inglés por Frances Lincoln Children's Books, London
Título original: *The Beatles*

ISBN 978-84-941247-5-4
Depósito Legal B.17546.2013